UNE AVENTURE D'ASTÉRIX

OBELIX ET COMPAGNIE

TEXTE DE GOSCINNY

DESSINS DE UDERZO

DARGAUD ÉDITEUR

12, RUE BLAISE-PASCAL · 92201 NEUILLY-SUR-SEINE

DANS LE MONDE
ASTERIX EN LANGUES ETRANGERES

AFRIQUE DU SUD :
Hodder & Stoughton Children's Books, Salisbury Road, Leicester LE1 7QS, Angleterre (Anglais)
Human & Rousseau Publishers (Pty.) Ltd., State House, 3-9 Rose Street, Cape Town, Afrique du Sud (Afrikaans)

AMERIQUE HISPANOPHONE :
Editorial Abril, Avenida Leandro N. Alem 896, Buenos Aires, Argentine

AUSTRALIE :
Hodder & Stoughton Children's Books, Salisbury Road, Leicester LE1 7QS, Angleterre

AUTRICHE :
Delta Verlag, Postfach 1215, 7 Stuttgart 1, R.F.A.

BELGIQUE :
Editions du Lombard, 1-11, Avenue Paul-Henri Spaak, Bruxelles 7, Belgique

BRESIL :
Cedibra, R. Filomena Nunes 162, Rio de Janeiro, Brésil

CANADA :
Dargaud Canada Ltée, 300 Place d'Youville, suite 31 Montréal H2Y 2 B6

DANEMARK :
Gutenberghus Bladene, Vognmagergade 11, 1148 Copenhagen K, Danemark

EMPIRE ROMAIN :
Ehapa Verlag, Postfach 1215, 7 Stuttgart 1, R.F.A. (Latin)

ESPAGNE :
Editorial Bruguera, Camps y Fabrés 5, Barcelone 6, Espagne (Castillan)
Ediciones Gaisa, Avenida Marqués del Turia 67, Valencia, Espagne (Catalan, Valencien)
Ediciones Jucar, Chantada 7, Madrid 29, Espagne (Basque, Galicien)

FINLANDE :
Sanoma Osakeyhtio, Ludviginkatu 2-10, 00130 Helsinki 13, Finlande

HONG-KONG :
Hodder & Stoughton Children's Books, Salisbury Road, Leicester LE1 7QS, Angleterre

HOLLANDE :
Amsterdam Boek, Witbautstraat 129, Amsterdam, Hollande

IRAN :
Editions Universelles, Modern Printing House, Avenue Ekbatan, Téhéran, Iran

ISLANDE :
Fjolvi HF, Raudalak 20, Reykjavik, Islande

ITALIE :
Arnoldo Mondadori Editore, Via Bianca de Savoia 20, 20122 Milan, Italie

NORVEGE :
A/S Hjemmet (Groupement Gutenberghus), Christian den 4des Gate 13, Oslo 1, Norvège

NOUVELLE-ZELANDE :
Hodder & Stoughton Children's Books, Salisbury Road, Leicester LE1 7QS, Angleterre

PAYS ARABES :
Dar el Maaref, 1119 Corniche el Nil, Le Caire, Egypte

PORTUGAL :
Livraria Bertrand, Rua Joao de Deus-Venda Nova, Amadora, Portugal

REPUBLIQUE FEDERALE ALLEMANDE :
Delta Verlag, Postfach 1215, 7 Stuttgart 1, R.F.A.

ROYAUME UNI :
Hodder & Stoughton Children's Books, Salisbury Road, Leicester LE1 7QS, Angleterre

SUEDE :
Hemmets Journal Forlag (groupement Gutenberghus), Fack 200 22 Malmö, Suède

SUISSE :
Interpress, S.A., En Budron B, 1052 Le Mont/Lausanne, Suisse

TURQUIE :
Kervan Kitabcilik, Serefendi Sokagi 31, Cagaloglu - Istanbul, Turquie

YOUGOSLAVIE :
Nip Forum, Vojvode Misica 1-3, 2100 Novi Sad, Yougoslavie

GAVLE
(CONQVÊTE ROMAINE)
50 avant J.C.

Nous sommes en 50 avant Jésus-Christ. Toute la Gaule est occupée par les Romains... Toute? Non! Un village peuplé d'irréductibles Gaulois résiste encore et toujours à l'envahisseur. Et la vie n'est pas facile pour les garnisons de légionnaires romains des camps retranchés de Babaorum, Aquarium, Laudanum et Petitbonum...

QUELQUES GAULOIS...

Astérix, le héros de ces aventures. Petit guerrier à l'esprit malin, à l'intelligence vive, toutes les missions périlleuses lui sont confiées sans hésitation. Astérix tire sa force surhumaine de la potion magique du druide Panoramix...

Obélix, est l'inséparable ami d'Astérix. Livreur de menhirs de son état, grand amateur de sangliers, Obélix est toujours prêt à tout abandonner pour suivre Astérix dans une nouvelle aventure. Pourvu qu'il y ait des sangliers et de belles bagarres.

Panoramix, le druide vénérable du village, cueille le gui et prépare des potions magiques. Sa plus grande réussite est la potion qui donne une force surhumaine au consommateur. Mais Panoramix a d'autres recettes en réserve...

Assurancetourix, c'est le barde. Les opinions sur son talent sont partagées : lui, il trouve qu'il est génial, tous les autres pensent qu'il est innommable. Mais quand il ne dit rien, c'est un gai compagnon, fort apprécié...

Abraracourcix, enfin, est le chef de la tribu. Majestueux, courageux, ombrageux, le vieux guerrier est respecté par ses hommes, craint par ses ennemis. Abraracourcix ne craint qu'une chose : c'est que le ciel lui tombe sur la tête, mais comme il le dit lui-même : « C'est pas demain la veille ! »

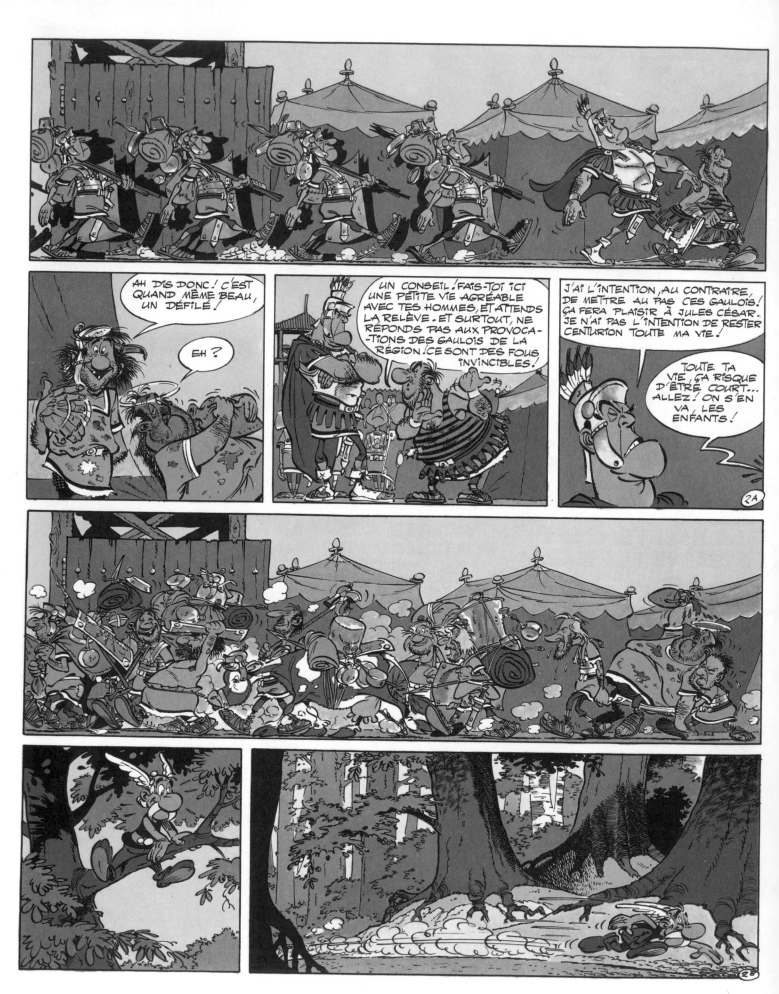

11

13

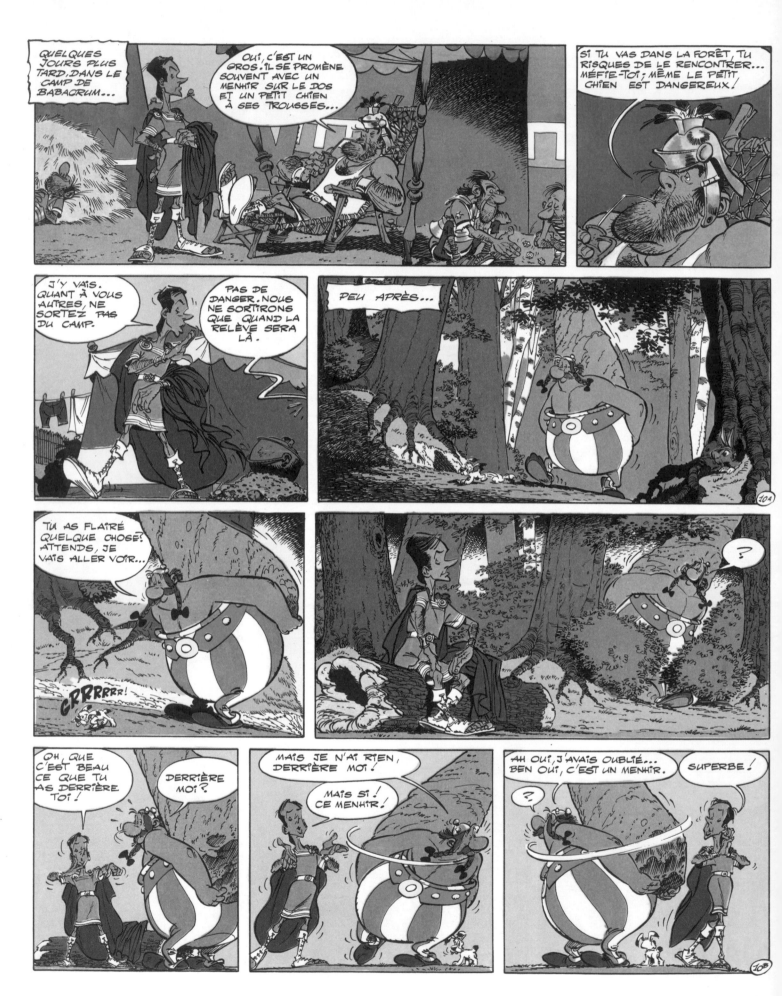

14

15

16

17

18

20

21

22

24

28

29

33

QUE NOUS VEUT NOTRE CHEF ?

NOUS VERRONS BIEN.

?

QUE LUI EST-IL ARRIVÉ ?

IL A VOULU TRAVAILLER DANS LA CARRIÈRE DE CÉTAUTOMATIX, MAIS COMME IL A LA MANIE DE CHANTER EN TRAVAILLANT, CÉTAUTOMATIX L'A REMERCIÉ.

JE VOUS AI DEMANDÉ DE VENIR PARCE QUE VOUS ME SEMBLEZ LES DERNIERS SENSÉS DU VILLAGE...

ILS SONT TOUS DEVENUS FOUS ! LA MOITIÉ CHASSE DES SANGLIERS POUR NOURRIR L'AUTRE MOITIÉ QUI FAIT DES MENHIRS ! QU'EST-CE QUE C'EST QUE CETTE HISTOIRE ?

NE T'INQUIÈTE PAS, Ô CHEF !

OH, MOI JE NE M'INQUIÈTE PAS...

...JE SAIS DEPUIS LONGTEMPS QU'ILS SONT TOUS DINGUES... MAIS C'EST BONEMINE QUI ME DIT QUE JE DEVRAIS FAIRE DES MENHIRS...

...ELLE N'OSE PLUS SE MONTRER DEVANT SES AMIES... LEURS MARIS SONT PLEINS DE SESTERCES...

SOIS PATIENT...

LES ROMAINS NE SONT PAS AU BOUT DE LEURS PEINES. ILS VONT SE CASSER LES DENTS SUR NOS MENHIRS !

HOHOHO ! HOHOHO !

WARF ! WARF ! WARF !

PAF ! PAF ! PAF !

DINGUES AUSSI !...

34

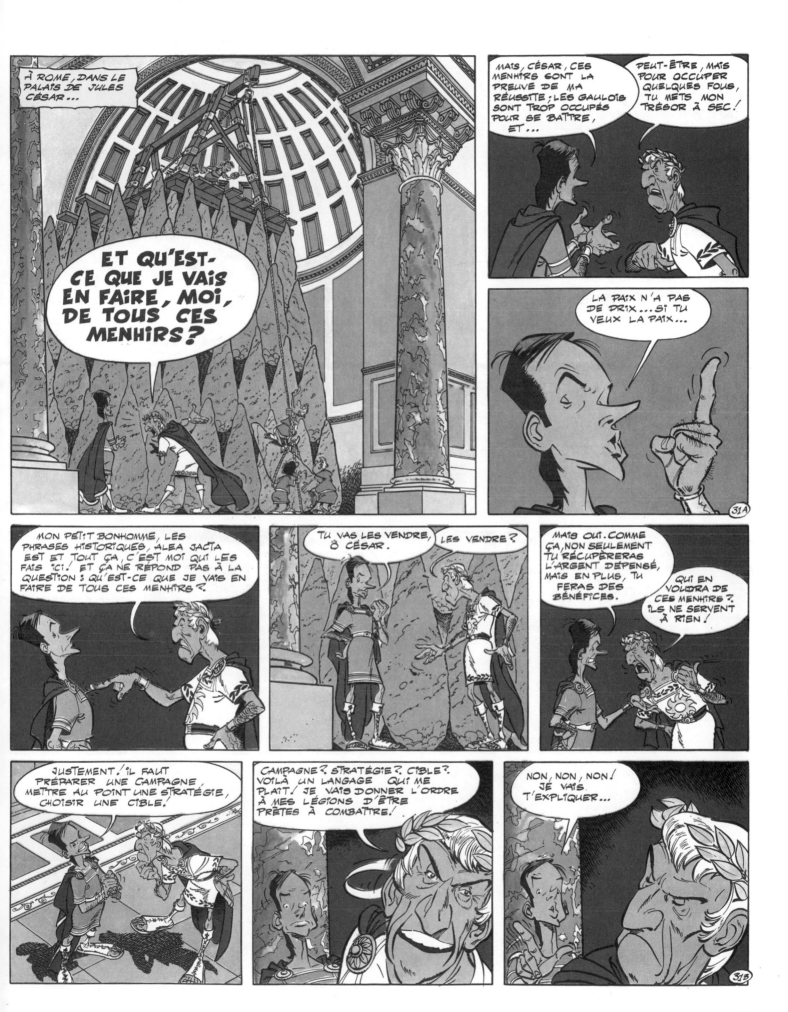

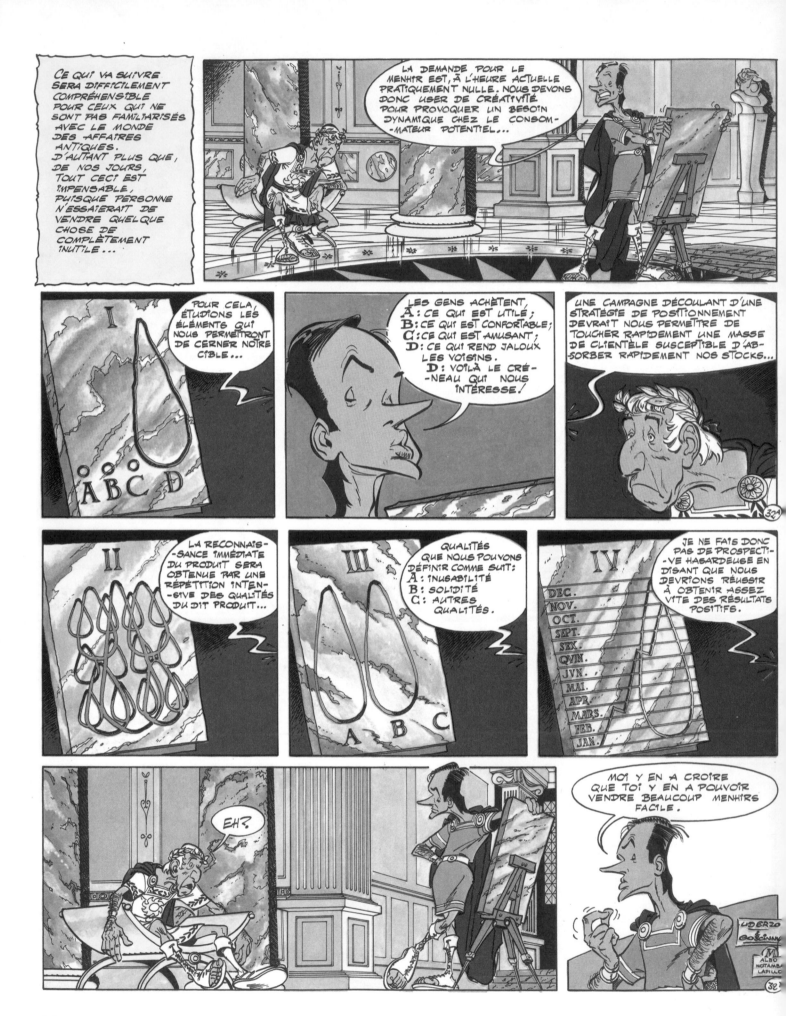

40

À ROME, C'EST LA CHUTE DU COURS DU MENHIR.

POUR CHAQUE ACHAT D'ESCLAVE II MENHIRS EN PRIME

MÊME EN SOLDE, LES GENS N'EN VEULENT PLUS... TANT PIS!... J'AI PERDU UNE FORTUNE, MAIS N'EN PARLONS PLUS...

C'EST QUE...

OUI?

EH BIEN VOILÀ, CÉSAR...

POUR PRÉSERVER LA PAIX EN GAULE, AVANT DE PARTIR, J'AI DONNÉ L'ORDRE DE CONTI--NUER À ACHETER DES MENHIRS... EN AUGMENTANT LES PRIX.

QUOI? TU SAIS DANS QUEL ÉTAT SONT MES FINANCES? TU VAS FILER EN GAULE ARRÊTER LE MASSACRE!!!

EUH... ON NE POURRAIT PAS ENVOYER QUELQU'UN D'AUTRE? J'AI UN CAMARADE DE PROMOTION QUI...

TU VAS Y ALLER TOI-MÊME, IMBÉCILE!! C'EST À CAUSE DE TOI QUE J'AI FAILLI AVOIR UNE GUERRE CIVILE ET QUE ROME EST PRESQUE RUINÉE! MÊME BRUTUS ME REGARDE D'UN SALE ŒIL!!!

MAIS... MAIS ILS VONT ME MASSACRER!

CE MASSACRE-LÀ NE ME DÉRANGE PAS!

DE TOUTE FAÇON, SI TU N'Y VAS PAS, JE TE FAIS MASSACRER DANS LE CIRQUE!!!

CIMETIÈRE DE MENHIRS

44

45

47

48